**Für Daniel**

Jeden Tag schenkst du mir Kraft, Mut und Zuversicht.
Und auch dieses Buch wäre ohne deinen unerschütterlichen
Glauben an mich wohl niemals entstanden.

Wie kann ich jemals die richtigen Worte finden,
um meiner Dankbarkeit Ausdruck zu verleihen?

## Zu diesem Buch

Vielleicht ist es dir aufgefallen: Dieses Buch besitzt weder einen Klappentext, noch eine konkrete inhaltliche Zusammenfassung. Doch wie sollte es auch? Denn nicht einmal ich, als Autorin, weiß, mit welchen Worten sich dieses Buch am ehesten beschreiben lässt. Und du, als potentieller Leser, stellst dir daher sicherlich die Frage, wieso du gerade diesem Buch einen Teil deiner wertvollen Zeit widmen solltest.
Zumindest diese Frage möchte ich versuchen, dir zu beantworten:

Der Inhalt dieses Buches betrifft dein Leben. Und aus diesem Grund wäre es doch sehr schade, wenn du dich nicht damit auseinandersetzen würdest; wenn du die Möglichkeit verstreichen lassen würdest, mitzudiskutieren.

Solltest du dich auf dieses Gespräch einlassen, wirst du dich vor allem mit dem Thema Freiheit beschäftigen; und im Gegensatz dazu natürlich auch mit Grenzen – vorwiegend mit solchen, die weder dinglich noch eindeutig sind, sondern vielmehr alltäglich spürbar.

Viel wesentlicher ist jedoch, dass du dir selbst gegenüberstehen und – so meine Hoffnung – sowohl deine eigenen Worte, als auch die in diesem Buch niedergeschriebenen ernsthaft hinterfragen wirst. Immerhin liegt es letztendlich nur an dir selbst, dich zu erinnern.

Was ich mit all dem meine?

Du wirst es erst verstehen,
wenn du das Buch gelesen hast.

**Impressum**

Korrektorat: Janka Mackowski
Satz: Juliane Scherz (colibris)
Covergestaltung: Daniel Oñate Valdes
Autorenfoto: Florian Hölzer

Bibliografische Information der Deutschen Nationalbibliothek:
Die Deutsche Nationalbibliothek verzeichnet diese Publikation
in der Deutschen Nationalbibliografie; detaillierte
bibliografische Daten sind im Internet über dnb.dnb.de abrufbar.

Herstellung und Verlag: BoD – Books on Demand, Norderstedt
ISBN: 9783748151036

**Michele Ritzmann**, 1997 in Berlin geboren,
hat sich lange Zeit mit den in diesem Buch wohl
wesentlichsten Fragen auseinandergesetzt:

Sind wir in der Gesellschaft,
in der wir leben, tatsächlich frei?
Und was bedeutet Freiheit überhaupt?

Generell ist sie ein eher nachdenklicher Mensch,
der sich jedoch ebenso häufig für die schönen Dinge
des Lebens begeistert.
Zu eben diesen Dingen gehört für sie das Schreiben,
denn es hat ihr schon immer dabei geholfen,
all ihre Gedanken zu ordnen.

Michele Ritzmann

# DU

Das Leben ist wundervoll. Ich kann das Gefühl, das ich verspüre, kaum beschreiben. Es ist, als würde mich durchgehend der Klang wundervoller Musik umgeben, als würden die verschiedensten Farben in der Luft hängen und mich mit jedem Schritt begleiten, als würden in jedem Moment tausend winzig kleine Tropfen auf mich herabfallen und meinen gesamten Körper zum Kribbeln bringen.

Es ist, als würde ich erst jetzt erkennen, was das Leben bedeutet. Und ich verspüre tiefste Dankbarkeit.

Ist es nicht erschreckend, dass die meisten Menschen die Welt nicht aus diesem Blickwinkel betrachten können? In ihren Augen scheint sie stattdessen grau und kalt zu sein, ein liebloser Ort, der keine Hoffnung zulässt.

## ZEHN

Oh, du bist es!
Seit wir uns das letzte Mal gesehen haben,
ist einige Zeit vergangen.

Die Blumen begannen zu blühen, wuchsen im
wärmenden Schein der Sonne heran, wurden bald von
den herabfallenden Blättern der Bäume bedeckt,
und starben letztendlich durch die Kälte zur Zeit des
ersten Schnees.

Dies wiederholte sich. Und wiederholte sich.
Und wiederholte sich noch weitere Male.
Jahr für Jahr verging – Für dich kam Jahr um Jahr
hinzu. Und mit jedem Jahr, das du gewannst,
verlorst du ein Jahr deiner noch verbleibenden Zeit.
Dennoch hast du dich kaum verändert.
Schon damals hast du mich mit demselben
fragenden Blick angesehen, der sich auch in diesem
Moment auf deinem Gesicht offenbart.
Erinnerst du dich?
Du hast nicht verstanden, woher ich kam.
Und du hast nicht verstanden, warum ich kam.
Aber ich war da – für nur eine Sekunde, für nur
einen Moment. Aber: Ich war da. Es fühlte sich an
wie eine Ewigkeit. Eine Ewigkeit, in der wir viele
Gespräche führten; eine Ewigkeit, in der Ehrlichkeit
keine Frage war.
Erinnerst du dich?

Schon damals hast du mich mit demselben
fragenden Blick angesehen.
Heute müsstest du mir jedoch als Freund oder
wenigstens als Feind begegnen – nicht wie ein
Fremder. Dein Blick sollte offen, wissend,
eventuell neugierig sein – nicht verwirrt.
Dahingegen verrät er mir, dass du unsere
Begegnung vergessen, wahrscheinlich verdrängt
hast. Du hast dein Leben weitergeführt wie bisher;
bist vor meinen Worten und deinen Gefühlen
davongelaufen.

Ich muss also von vorne beginnen.
Ich muss dich erneut überzeugen.

Ich bitte dich, nimm dir die Zeit und höre
dir diese Geschichte an –
Diese Geschichte von dir und mir.

*„Freiheit ist für mich in erster Linie, alles tun zu können, was ich möchte – zu jeder Zeit, ohne dabei jemand anderem Schaden zuzufügen. Also, das ist für mich keine Freiheit mehr, weil ich dann die Freiheit von jemand anderem verletze, aber ansonsten ist es wirklich, das zu tun, was ich möchte, wann ich möchte. Und wenn ich morgens um vier die Idee bekomme, ich möchte zeichnen, dann will ich zeichnen. Und wenn ich morgen Lust hätte, nach Uruguay zu reisen, dann will ich morgen nach Uruguay reisen können. Das ist für mich Freiheit. Wenn auch finanzielle Mittel keine Rolle spielen. Also dann ist man wirklich frei, weil in der Welt, in der wir leben, basiert alles leider auf Geld. Und ich glaube, um wirklich frei zu sein, muss man entweder das Geld an sich abschaffen oder alle Menschen so ausrüsten, dass sie wirklich tun können, was sie wollen.*

*Ich denke, wir sind hier in Deutschland freier, als in anderen Ländern dieser Welt. Was nicht heißt, dass es hier ideal läuft – es heißt nur, dass es hier besser läuft. Aber der Grad, an dem ich das messe, ist halt relativ weit unten, also das Niveau könnte höher sein. Wo ich froh bin: Wir haben eine Pressefreiheit. Ich finde, die ist gegeben. Wir haben eine Redefreiheit. Wir haben eine Freiheit der Religion und der Sexualität. Das ist auf jeden Fall gegeben. Aber das, was ich wirklich als Freiheit verstehe, ist halt nicht da, weil wir immer noch unter gesellschaftlichen Zwängen leben, weil es immer noch Leute gibt, die sich einmischen, weil es immer noch finanzielle Abhängigkeiten gibt, die nicht behoben sind, die auch in dem System unfair verteilt sind."*

**(Line O.)**

# NEUN

**Ich:**
Ich breite meine Arme aus
Wie ein Vogel seine Flügel
Und fliege in die Welt hinaus.
Wie ein Vogel finde ich
In der Freiheit mein Zuhaus.

Ich fliege
Hinweg über alle Grenzen,
Hinweg über alle Grenzen.
Ich bin frei.

**Du:**
Ich lege meine Arme am Körper an
Wie ein Vogel seine Flügel,
Wenn er nicht fliegen kann.
Wie ein Vogel voller Hoffnung,
Er könne es irgendwann.

Ich bleibe
Umgeben von Grenzen,
Umgeben von Grenzen.
Ich bin gefangen.

**Ich:**
Rhythmisch bewege ich mich
Zu der Musik in meinem Herzen.
Meine Tänze ergeben sich

Aus der Musik, in der mein wahres Ich
Erklingt.

Ich tanze
Hinweg über alle Grenzen,
Hinweg über alle Grenzen.
Ich bin frei.

**Du:**
Ich bewege mich entgegen
Der Musik in meinem Herzen.
An meinen Gliedern befestigte Fäden
Lassen mich zu der Musik bewegen,
Die diese Welt bestimmt.

Ich bleibe
Umgeben von Grenzen,
Umgeben von Grenzen.
Ich bin gefangen.

---

**Ich:**
Mächtige Mauern umgeben dich.
Aus dem Nichts erhoben sie sich,
Basierend auf deiner Einfachheit,
Gestützt durch deine Unfähigkeit,
Die Dinge zu hinterfragen.

Was sie dir auch sagen,
Welche Grenzen sie dir setzen:

Du wirst sie nicht verletzen,
Denn du akzeptierst,
Verlierst
Deine Einzigartigkeit.
Es wird Zeit,
Auszubrechen,
Ihren Vorstellungen
Nicht mehr zu entsprechen.

**Du:**
Sinnvoll
Erscheinen mir einige Grenzen.
Man bedenke nur die Konsequenzen,
Welche sich durch Leichtsinnigkeit
Verbunden mit völliger Freiheit
Ergeben würden.

Grenzen weisen dir den richtigen Weg,
Zeigen dir, wo es nicht mehr weitergeht –
Nicht mehr weitergehen kann!
Ohne Grenzen verläufst du dich irgendwann.

Und in deiner Orientierungslosigkeit
Stößt du auf immer neue Türen,
Die dich in kürzester Zeit
In die Dunkelheit führen.

**Ich:**
Einen *richtigen* Weg,
Den gibt es nicht.

*Richtig* ist eine Frage der persönlichen Sicht!
Du belügst dich,
Fügst dich,
Genügst nicht,
Wenn du nicht wie sie
Sondern wie du
Sein willst.

Du verschließt deine Augen,
Willst nicht glauben,
Dass sie dich deiner Persönlichkeit
Berauben, weil du
Nicht wie du,
Sondern wie sie
Sein sollst.

**Du:**
Das entspricht nicht der Wahrheit!
Ich bin sicher: Mit der Zeit
Wirst du es verstehen.
Du wirst sehen,
Stur deinen eigenen Weg zu gehen,
Nur um dich uns zu widersetzen,
Wird niemanden mehr verletzen,
Als dich selbst.

Du willst zwanghaft deine Einzigartigkeit beweisen.
Deine Gedanken kreisen
Stets um die verschiedensten Möglichkeiten,
Dich unter jeglichen Gegebenheiten

Von der Masse abzuheben,
In der Hoffnung, deinem Leben
Dadurch einen Sinn zu geben.

**Ich:**
Mächtige Mauern halten dich gefangen
Und anstatt autonomes Handeln zu verlangen,
Predigst du die Notwendigkeit
Einer krankhaften Gleichheit!

**Du:**
Du wiederholst dich,
Langweilst mich.
Ich kann dein Gerede nicht
Mehr hören.
Du kannst dich noch so sehr empören,
Es wird dir nicht gelingen,
Mich von meiner Meinung abzubringen.

**Ich:**
Die Mauern hast du selbst erbaut.
Stein auf Stein hast du gelegt,
Stein um Stein ist sie gewachsen...

Doch du willst es nicht wahrhaben,
Denn all ihre Vorgaben
Geben dir das Gefühl von Sicherheit.
Daher besteht größte Dringlichkeit
Dir zu erklären
Wieso du dich eigentlich wehren
Solltest, statt sie zu unterstützen.

Du willst sie vor jeglicher Kritik schützen,
Doch vergisst dabei, zu hinterfragen,
Ob ihre Gegner vielleicht die Wahrheit sagen.

„*Freiheit ist eine Illusion. Das Leben ist voller Zwänge und Rollenbilder, in die wir täglich gezwängt werden. Daher können wir eigentlich nichts frei entscheiden.*"

**(Stefan Rössel)**

# ACHT

**Du:**
Anfangs saß ich still. Meine Beine waren
ausgestreckt, meine Arme verschränkt,
mein Blick ausdruckslos nach vorn gerichtet.
Nicht eine Bewegung erlaubte ich mir,
nicht einmal ein Blinzeln.

Anfangs saß ich still. Meine Beine waren
ausgestreckt, meine Arme verschränkt,
mein Blick ausdruckslos nach vorn gerichtet.
Nicht eine Bewegung erlaubte ich mir,
nicht einmal ein Blinzeln.

Anfangs saß ich still. Meine Beine waren
ausgestreckt, meine Arme verschränkt,
mein Blick ausdruckslos nach vorn gerichtet.
Nicht eine Bewegung erlaubte ich mir,
nicht einmal ein Blinzeln.

Mein Leben war eine unendliche Wiederholung
immer desselben Geschehens, derselben Gefühle,
derselben Gedanken.

Anfangs saß ich still. Meine Beine waren
ausgestreckt, meine Arme verschränkt,
mein Blick ausdruckslos nach vorn gerichtet.
Nicht eine Bewegung erlaubte ich mir,
nicht einmal ein Blinzeln.

Mein Leben war eine unendliche Wiederholung
immer desselben Geschehens, derselben Gefühle,
derselben Gedanken.

Mein Leben war eine unendliche Wiederholung
immer desselben Geschehens, derselben Gefühle,
derselben Gedanken.

Meine Beine waren ausgestreckt.
Mein Leben war eine unendliche Wiederholung.
Meine Arme verschränkt.
Eine unendliche Wiederholung.
Mein Blick ausdruckslos nach vorn gerichtet.
Eine unendliche Wiederholung.
Meine Beine ausgestreckt.
Eine unendliche Wiederholung.
Meine Arme verschränkt.
Eine unendliche Wiederholung.
Mein Blick ausdruckslos nach vorn gerichtet.
Eine unendliche Wiederholung.
Meine Beine ausgestreckt.
Eine unendliche Wiederholung.
Meine Arme verschränkt.
Eine unendliche Wiederholung.
Mein Blick ausdruckslos nach vorn gerichtet.
Eine unendliche Wiederholung.

Anfangs saß ich still.

Ich erlebte jeden Tag dasselbe, fühlte jeden Tag
dasselbe, dachte jeden Tag dasselbe –
Jeden Tag dasselbe.

Ich erlebte jeden Tag dasselbe, fühlte jeden Tag
dasselbe, dachte jeden Tag dasselbe –
Jeden Tag dasselbe.

Obwohl: Es war nicht jeden Tag dasselbe.
An einem Tag war etwas anders. Für nur eine
Sekunde. Doch es war da – in dieser einen Sekunde!
Es war mehr ein Gefühl als ein Gedanke.
Eine Frage, die ich *spürte*.
Sie ging so schnell, wie sie kam. Doch sie war da –
in dieser einen Sekunde!
Sie breitete sich in meinem Körper aus.
Ich konnte ihr nicht entfliehen.
Sie besaß viel Kraft.
Sie existierte schon länger in mir.
Bisher hatte ich sie verdrängen können. Sie hatte
kämpfen müssen, um endlich von mir gehört zu
werden.
Nun war sie stärker als meine Ignoranz.
Nun musste ich sie wahrnehmen.
Nun hörte ich sie.
Laut. Deutlich. Eindringlich.

Soll ich eine Bewegung wagen?

Anfangs saß ich still. Meine Beine waren
ausgestreckt, meine Arme verschränkt,
mein Blick ausdruckslos nach vorn gerichtet.
Nicht eine Bewegung erlaubte ich mir,
nicht einmal ein Blinzeln.

Soll ich eine Bewegung wagen?

Anfangs saß ich still. Meine Beine waren
ausgestreckt, meine Arme verschränkt,
mein Blick ausdruckslos nach vorn gerichtet.
Nicht eine Bewegung erlaubte ich mir,
nicht einmal ein Blinzeln.

Soll ich eine Bewegung wagen?

Ich wagte sie nicht.
Die Sekunde verging. Mit ihr verschwand die Frage.
Ich saß weiterhin still.

Ich erlebte jeden Tag dasselbe, fühlte jeden Tag
dasselbe, dachte jeden Tag dasselbe –
Jeden Tag dasselbe.

Ich erlebte jeden Tag dasselbe, fühlte jeden Tag
dasselbe, dachte jeden Tag dasselbe –
Jeden Tag dasselbe.

Ich erlebte jeden Tag dasselbe, fühlte jeden Tag
dasselbe, dachte jeden Tag dasselbe –
Jeden Tag dasselbe.

Obwohl: Es war nicht jeden Tag dasselbe.
An einem Tag war etwas anders. Für nur einen
Moment. Doch es war da – in diesem einen Moment!
Es war mehr ein Gefühl als ein Gedanke.
Ein Wunsch, den ich verspürte.

Es hätte ihn nicht geben dürfen. Doch er war da –
in diesem einen Moment.
Er war da, basierend auf nur einer Frage:
Soll ich eine Bewegung wagen?
Er drängte all die anderen Gefühle und Gedanken
beiseite. Er war das einzige,
das ich wahrnehmen konnte.
Kein Widerstreben. Keine Bedenken. Keine Angst.
Es gab nur ihn.
Er war stark –
so stark, dass ich ihm nachkommen musste,
dem Wunsch mich zu bewegen.

Mein Herz raste. Meine Hände schwitzten.
Mein Bauch krampfte.
Ich hob einen meiner Finger.
Langsam. Zögernd. Ängstlich.
Mein Herz raste. Meine Hände schwitzten.
Mein Bauch krampfte.
Ich streckte ihn aus.
Und zog ihn wieder zusammen.
Langsam. Zögernd. Ängstlich.
Mein Herz raste. Meine Hände schwitzten.
Mein Bauch krampfte.
Ich wiederholte es:
Ich streckte ihn aus.
Und zog ihn wieder zusammen.
Ich streckte ihn aus.
Und zog ihn wieder zusammen.
Mit jedem Mal ein wenig selbstverständlicher.
Bis mein Herz nicht mehr raste, meine Hände nicht

mehr schwitzen, mein Bauch nicht mehr krampfte.

Nun hatte ich den Mut, mehr zu wagen:

Ich hob den zweiten Finger meiner Hand.

Dann den Dritten. Dann den Vierten. Dann den Fünften.

Ich ließ sie alle bewegen.

Erst nacheinander. Dann gemeinsam.

Ich bewegte meine Finger für eine lange Zeit.

Bis mir diese Bewegung nicht mehr ausreichte.

Bis ich etwas Neues probieren wollte.

Ich setzte meine Finger wieder ab.

Ich hielt einen kurzen Moment inne.

Ich überlegte.

Etwas Zeit verging.

Ich hob alle meine Finger.

Langsam. Zögernd. Ängstlich.

Mein Herz raste. Meine Hände schwitzten.

Mein Bauch krampfte.

Ich ließ sie meinen Arm hinaufstreichen.

Und wieder herab.

Langsam. Zögernd. Ängstlich.

Mein Herz raste. Meine Hände schwitzten.

Mein Bauch krampfte.

Ich wiederholte es:

Ich ließ sie meinen Arm hinaufstreichen.

Und wieder herab.

Ich ließ sie meinen Arm hinaufstreichen.

Und wieder herab.

Mit jedem Mal ein wenig selbstverständlicher.

Bis mein Herz nicht mehr raste, meine Hände nicht mehr schwitzen, mein Bauch nicht mehr krampfte.

Es war das erste Mal, dass ich meine eigene
Berührung spürte.
Es kitzelte leicht.
Es war intensiv. Überwältigend. Wunderschön.

Nun gab es zwei Wege, die ich gehen konnte.
Ich musste eine Wahl treffen.
Diese Bewegung würde nicht immer ausreichen.
Irgendwann würde ich etwas Neues probieren wollen.
Entweder ich wage weitere Bewegungen;
befreie mich aus meiner Wiederholung.
Oder ich kehre zurück;
erlebe jeden Tag dasselbe, fühle jeden Tag dasselbe,
denke jeden Tag dasselbe – Jeden Tag dasselbe.
Ich entschied mich.

Anfangs saß ich still, doch *heute* sitze ich *starr*.

Heute sitze ich starr. Meine Beine sind ausgestreckt,
meine Arme verschränkt, mein Blick ausdruckslos
nach vorn gerichtet. Nicht eine Bewegung erlaube
ich mir, nicht einmal ein Blinzeln.

Mein Leben ist eine unendliche Wiederholung
immer desselben Geschehens, derselben Gefühle,
derselben Gedanken.

Heute sitze ich starr. Meine Beine sind ausgestreckt,
meine Arme verschränkt, mein Blick ausdruckslos
nach vorn gerichtet. Nicht eine Bewegung erlaube
ich mir, nicht einmal ein Blinzeln.

Nicht eine Bewegung erlaube ich mir,
nicht einmal ein Blinzeln.

Nicht eine Bewegung erlaube ich mir,
nicht einmal ein Blinzeln.

Nicht eine Bewegung erlaube ich mir,
nicht einmal ein Blinzeln.

Ich besaß den Wunsch, weitere Bewegungen zu wagen.
Ich schaffte es nicht.
Ich besaß nicht die nötige Kraft.
Ich konnte mich nicht von dem Vertrauten lösen.
Die Angst in mir überwog.
Die Hoffnung in mir war zu schwach.


Nicht eine Bewegung erlaube ich mir,
nicht einmal ein Blinzeln.

Nicht eine Bewegung erlaube ich mir,
nicht einmal ein Blinzeln...

Nicht einmal ein Blinzeln.

*„Freiheit bedeutet für mich Frieden. Es sind eigentlich zwei unterschiedliche Wörter, die aber in ihrem Ursprung gleich sind – Freiheit und Frieden. Deswegen sind Freiheit und Frieden für mich eigentlich ein und dasselbe.*

*Wenn ich an Freiheit denke, dann sehe ich vor meinem geistigen Auge einen Strand, einen weißen, weiten Strand und das offene Meer vor mir. Ich spüre die Sonne, die Wärme der Sonne, spüre den Wind und ich spüre die Stille – die Stille und den Klang der Umgebung, die Ruhe. Und dieser Augenblick bedeutet für mich Freiheit.*

*Finden wir Glück oder Freiheit oder Frieden in anderen Dingen, bei anderen Personen oder liegt nicht eigentlich dieses Gefühl der Freiheit – diese Freiheit, die für jeden immer ein Stück weit etwas anderes bedeutet – nicht tatsächlich einfach nur in uns?*

*Und somit, wenn ich über die Fragen nachdenke: Leben wir in einer freien Gesellschaft? Können wir in unserer heutigen Gesellschaft Freiheit ausleben?, dann kann ich nur dazu sagen: Hast du dich selbst, in dir, in deinem Inneren, dazu entschlossen, frei zu leben? Wenn ja, dann, egal wo du dich befindest, in welcher Situation, an welchem Ort auch immer, wirst du frei sein."*

**(Anonym)**

# SIEBEN

**Ihr:**
Unser Ziel ist ein sicheres, vor Unruhen bewahrtes
Leben. Das ist unsere Priorität und dafür kämpfen wir.

Wir glauben, dies entspräche unserem tatsächlichen
Willen, doch unterliegen einer gezielten Manipulati-
on. Unser Nährstoff ist Anerkennung, Ausgrenzung
unsere größte Angst. Wir vertrauen auf die Meinung
anderer, wir hinterfragen nicht – so haben wir es
gelernt.
Zu akzeptieren, dass wir nicht leiten, sondern
geleitet werden, würde unser gesamtes bisheriges
Leben wie eine Lüge erscheinen lassen. Uns würde
bewusst werden: Es fehlt die Sinnhaftigkeit.

Daher schieben wir diese Gedanken beiseite. Darü-
ber nachzudenken macht unglücklich – Und Unglück
empfinden die meisten von uns bereits genügend.

---

Natürlich sind wir frei.
Wir haben das Recht, unsere Persönlichkeit frei zu
entfalten. Wir haben das Recht, unsere Meinung frei
zu äußern. Wir haben das Recht, uns frei zu ent-
scheiden.

Wir haben das Recht auf Freiheit.

„Ich würde die Freiheit erstmal unterteilen in die Freiheit von äußeren Umständen und die persönliche Freiheit. [...] Ich finde, Freiheit ist, wenn die Menschheit oder die ganze Welt – wenn sie dir keine Vorschriften machen, wen darfst du lieben, wen darfst du nicht lieben, was darfst du glauben, was darfst du nicht glauben [...], sondern eher sich nur mit dir austauscht, um Erfahrungen zu sammeln. Und nicht irgendwie abwertet, was du machst und möchtest und was du fühlst, sondern es einfach nur als anderen Weg ansieht. Das ist für mich einmal die Freiheit durch die Umwelt.*

*Und die persönliche Freiheit ist für mich etwas, was du nie wirklich vollständig erreichen kannst. Du kannst versuchen, so gut wie es geht, dahin zu kommen, aber du wirst es nie schaffen. Ich meine, das ist wie bei der Perfektion. Du wirst nie perfekt sein, es gibt immer nur so eine Sache, wo du hingucken kannst quasi, was dein Ziel ist, aber du wirst es nie schaffen.*

*[...] Wie gesagt, ich finde, dass die persönliche Freiheit nie wirklich erreicht werden kann, man kann sie nur anstreben. Und die Freiheit der Umwelt, würde ich sagen, ist stets in einem Prozess, den nicht nur ich bestimmen kann. Ich kann nur einen gewissen Teil dazu beitragen, den ich auch gern jetzt schon dazu beitrage, indem ich halt sage, es ist komplett egal, wie du fühlst, was für eine Religion du hast usw., du bist immer willkommen.“*

**(Jessica Hierl)**

## SECHS

Dein Blick ist nach wie vor derselbe.
Kannst du dich noch immer nicht erinnern?
Eigenartig, da es doch so bedeutend für dich war.
Und noch eigenartiger, dass du erst jetzt wieder
bereit warst, mir gegenüberzutreten.
Eigentlich dachte ich, wir würden uns in all der Zeit
häufiger treffen.

Trotz der vergangenen Zeit ist es genau wie damals.
Dieser Moment fühlt sich erneut wie eine Ewigkeit
an. Kaum zu glauben, dass dies alles in nur einer
Sekunde geschieht. Aber auch diese Sekunde wird
vergehen. Die Frage ist, was folgen wird. Wirst du
mich erneut vergessen? Werden erneut Jahre
verstreichen, bis wir uns wiedersehen?
Irgendwann wird deine Zeit nicht mehr ausreichen,
um etwas zu verändern.
Sag mir, wünschst du dir nicht zu fliegen?
Wünschst du dir nicht mit Leichtigkeit durch die
Welt zu tanzen? Genau in diesem Moment hast du
die Möglichkeit, die ersten Schritte zu wagen,
die Mauer, die dich umgibt,
nach und nach einzureißen.

Du musst zu hinterfragen beginnen.
Du musst zu widersprechen beginnen.
Du musst zu kämpfen beginnen.

Sobald du damit anfängst, werde ich dich immer häufiger besuchen kommen und du wirst lernen, meine regelmäßige Anwesenheit zu akzeptieren. Dadurch wird es mir möglich sein, dich auf deinem Weg zu begleiten. Irgendwann wirst du mich sogar schätzen lernen. Und wenn es so weit ist, werden wir gute Freunde sein.

Doch bist du dazu bereit?

*„Für mich ist Freiheit ein Zustand im Kopf,*
*eine Art Zufriedenheit – kein räumlicher Zustand."*

**(Merle Marx)**

# FÜNF

Er ist anders als die anderen – jedenfalls fühlt es sich so an. Sie nennen ihn einen Träumer. Und sie nutzen dieses Wort, als wäre es etwas Schlechtes. Das kann er nicht verstehen. An seinen Träumen festzuhalten ist für ihn so wesentlich wie das Atmen.
Sie sagen, seine Vorstellungen seien unrealistisch. Er würde das anders formulieren. Er würde sagen, er entscheidet sich bewusst dafür, daran zu glauben, dass Unmögliches möglich werden kann.
Sie kritisieren, er sei viel zu naiv. Für seine Naivität ist er dankbar. Was sonst würde ihm den Mut schenken, nach seinem eigenen Weg zu suchen?

Er dachte immer, es würde im Leben darum gehen, glücklich zu werden. Auch sie sagten stets, er solle tun, was ihn erfülle. Doch seit einiger Zeit scheint dies in den Hintergrund gerückt zu sein. Immerhin hat man sich an bestimmte Regeln zu halten.
Alle Regeln kennt er noch lange nicht. Andere hingegen hat er schnell kennengelernt.

Die wichtigste Regel ist, keine Zeit zu verschwenden. Mit anderen Worten bedeutet dies, seine Zeit unter keinen Umständen mit – ihrer Meinung nach – unnötigen und unnützen Dingen zu verbringen. Das sind all jene Dinge, die einen vom richtigen Weg abhalten. Ihm hingegen erschienen diese Dinge schon immer spannend und lebensbereichernd.

Natürlich konnte er es ihnen nicht sagen. Und noch weniger konnte er von seinem Wunsch erzählen, sein Leben auf genau diese Dinge auszurichten.

Er wusste, sie würden es falsch finden.

Für sie zählt der Erfolg. Und wie wahrscheinlich war es, dass gerade er auf solch einem Weg Erfolg haben sollte? Diese Frage würden sie ihm stellen. Und würden nicht verstehen, dass der Erfolg vorerst irrelevant für ihn war.

Für sie gibt es kaum Schlimmeres als Scheitern. Immerhin bedeutet Scheitern, seine Zeit verschwendet zu haben. Und wie könnte er mit solch einer Last leben – wie könnte überhaupt irgendjemand solch eine Last ertragen? Auch diese Frage würden sie ihm stellen. Und würden nicht verstehen, dass er keine Angst vor dem Scheitern hatte, geschweige denn davor, seine Zeit zu verschwenden. Er stellte sich vor, wie glücklich er sein könnte. „Verschwenden" machte für ihn in diesem Kontext keinen Sinn. „Scheitern" im Übrigen auch nicht. Wäre es nicht Erfolg genug, jedem neuen Tag mit Vorfreude zu begegnen?

Würde er ihnen so antworten, würden sie ihn ansehen, als hätte er den Verstand verloren. Sie würden entgegnen, das Leben sei hart. Das könne man nicht ändern. Es gehöre einfach dazu, seine Pflichten zu erfüllen. Tatsächlich versuchte er lange Zeit, diesen Worten Glauben zu schenken. Doch eigentlich erschien ihm dieser Gedanke schon immer absurd. Wer hatte das Recht zu bestimmen, welchen Pflichten er nachzugehen hat?

Hält man sich an die genannte erste Regel, lernt man daraufhin unweigerlich weitere kennen. Auch ihm ist es hierbei nicht anders ergangen.

Dass Erfolg eine Notwendigkeit darstellt, hat er im Zusammenhang mit der ersten Regel bereits gelernt. Er würde sogar noch einen Schritt weitergehen und behaupten, dass alle Regeln auf dem starken Glauben an die Unverzichtbarkeit des Erfolgs beruhen.

Damit ließe sich zumindest begründen, warum die folgende zweite Regel kaum von der ersten zu unterscheiden ist. Es scheint, als sei ihr einziger Zweck zu verhindern, dass die Wichtigkeit des Erfolgs in Vergessenheit geraten kann.

Die Regel besagt, man solle jede Sekunde mit einer sinnvollen Beschäftigung verbringen. Wie in der ersten Regel bereits gelernt, ist „sinnvoll" hierbei natürlich alles, was einem dem Erfolg näherbringt. Doch in dieser zweiten Regel wird der Begriff „sinnvoll" noch erweitert: Eine Beschäftigung kann noch so sinnlos erscheinen, es ist legitim sie auszuführen, solange sie nicht dazu verleitet, den richtigen Weg zu verlassen. Denn dann liegt genau darin ihr Sinn.

Und auch in einem weiteren Punkt ergänzt diese Regel die erste. Sie spricht nun aus, was sich aus der ersten Regel bereits ableiten lassen hat: Ist man sich noch nicht sicher, in welche Richtung sich das eigene Leben entwickeln soll, ist es von größter Bedeutung, schnellstmöglich eine Notlösung zu finden und von dieser nicht mehr abzuweichen. Denn jede andere denkbare Möglichkeit, mit solch einer Situation umzugehen, wäre zu zeitaufwändig.

Und spätestens hier wird klar: Die genannten Regeln sind nicht voneinander zu trennen.

Gleichzeitig ist mit ihnen noch eine weitere Regel verbunden. Natürlich beschäftigt sich auch diese mit dem Erfolg. Dennoch ist sie anders, noch unmissverständlicher als die vorherigen. Denn diese Regel bestimmt nicht nur darüber, wie man sich zu verhalten hat, sondern zeigt gleichzeitig, wie das Leben aussieht, hat man sich für den vermeintlich „richtigen" Weg entschieden. Daher lässt sich mit Hilfe dieser Regel das Leben tausender Menschen beschreiben – in nur einem einzigen Satz. Und es ist kein sonderlich schöner Satz.

Trotz dieser Tatsache ist für sie die Unverzichtbarkeit dieser Regel nicht anzuzweifeln. Für ihn hingegen ist sie der Inbegriff der Trostlosigkeit.

Diese Regel, so erschreckend wie sie ist, verdient nichts anderes, als eine klare und direkte Formulierung, um das Ausmaß ihrer Hässlichkeit zu offenbaren.

> *Arbeite, arbeite, arbeite – nicht der Leidenschaft, sondern des Geldes wegen.*

Solch ein Leben zu führen, bedeutet für sie Erfolg. Solch ein Leben wünschen sie ihm.

Und so schwer es auch zu glauben ist: Sie wünschen es ihm nicht aus Missgunst, sondern aus Verbundenheit. Denn genauso lebt man heutzutage. Und das ist nicht zu hinterfragen.

Natürlich gibt es noch weitere Regeln. Doch die genannten sind die, welchen sich sein Inneres am meisten wiedersetzte. Dennoch hat er sich anfangs an diese Regeln gehalten. Tut man dies nicht, spürt man die Konsequenzen. Und davor hatte er Angst. Also ist er den Weg gegangen, der von ihm erwartet wurde. Gleichzeitig konnte er nicht verstehen, warum es einen vorgeschriebenen Weg für alle geben sollte, obwohl die Menschen doch so verschieden sind.

Doch er dachte, vielleicht müsse er sich nur auf dieses Leben einlassen, vielleicht wäre es nur eine Sache der Gewöhnung.

War es nicht.

Nach und nach ging es ihm immer schlechter. Jeder Tag war eine Qual. Irgendwann war es nicht mehr auszuhalten.

Er hatte keine Motivation, keine Kraft, keine Hoffnung mehr. Er wehrte sich dagegen, morgens aufzustehen. Er sah darin keinen Sinn.

Doch er verbarg seine Gefühle. Sie würden sagen, er solle sich zusammenreißen, einfach durchziehen. Sie würden ihn fragen, was er denn sonst machen wolle. Und er würde auf den Boden starren. Die Worte würden ihm fehlen. Was sollte er auch antworten? Der Versuch, ihnen zu erklären, wie seine Vorstellung vom Leben ist, wäre überflüssig. Sie würden es ohnehin nicht verstehen.

Also zog er sich immer weiter zurück. Kaum einer merkte es. Sie alle waren zu beschäftigt.

Irgendwann entschied er, dass es nicht mehr so weitergehen kann. Heute wundert er sich, woher er die

Kraft gehabt hatte. Immerhin schien alles aussichts-
los. Er vermutet, er wäre noch nicht bereit gewesen,
sich vollständig aufzugeben.

An einem Tag, an dem sein Mut größer war als seine
Angst, blieb er einen Moment auf seinem bisherigen
Weg stehen, um seinen nächsten Schritt auf einem
anderen, neuen, von ihm erschaffenen Weg zu setzen.
Erst ging er nur ein paar Schritte auf ihm, doch mit
jedem Tag wurden sie mehr.

Mit jedem Schritt, den er ging, fühlte er sich immer er-
leichterter, denn er wusste, nun hatte er die Zeit, sich
vollständig auf das zu konzentrieren, was ihn erfüllt.

Natürlich erzählte er ihnen noch nicht davon. Er war
noch nicht bereit dazu, doch er wusste, irgendwann
müsste er es tun. Spätestens, wenn er den Fragen, die
sie ihm zu seinem Leben stellen würden, nicht mehr
ausweichen konnte. Denn irgendwann würden sie mer-
ken, dass er etwas zu verheimlichen hatte. Er war nicht
besonders gut darin zu lügen. Wahrscheinlich, weil er
es im Grunde auch nicht wollte. Vielmehr wünschte er
sich, einfach die Wahrheit sagen zu können und trotz
dieser Wahrheit akzeptiert zu werden.

Gesagt hat er es ihnen letztendlich dennoch früher. Ir-
gendwann wollte er sich einfach nicht mehr verstecken.

Als es soweit war, reagierten sie genauso, wie er es sich
vorgestellt hatte. Sie wollten ihn überzeugen, es doch
noch einmal zu probieren. Und als klar war, dass dies
ausgeschlossen war, sagten sie, dann solle er doch ein-
fach etwas anderes versuchen – etwas, das ihn nicht
vom richtigen Weg abbringt, eine Notlösung. Und als

klar war, dass auch dies ausgeschlossen war, wurden sie wütend. Er sagte, wenn er auf seinem gewählten Weg keinen Erfolg haben sollte, habe er immer noch die Möglichkeit, sich umzuentscheiden.

Doch sie wollten das nicht hören. Sie waren zu aufgebracht. Im Laufe des Gesprächs schrien sie sogar. Er fühlte sich schlecht. Er wusste, er hatte sie enttäuscht. Gleichzeitig war er erleichtert. Nun musste er nicht mehr lügen.
Die Zeit darauf konnte er zwar die Wahrheit aussprechen, doch sie wollten nicht mehr hören, was er zu sagen hatte. Das machte ihn traurig, doch er lernte damit zu leben. Denn es gab Leute, die ihm zuhören wollten. Nach und nach hatte er sie kennengelernt. Personen, die ihn nicht verurteilten. Und sogar Personen, die dachten wie er.

Heute ist er zufrieden. Nur manchmal, wenn er daran denkt, wie sie ihn noch immer ansehen, verkrampft er sich. Er weiß, dass sie ihn niemals verstehen würden. Erst, wenn er auf seinem gewählten Weg tatsächlich Erfolg haben sollte. Dann würden sie sagen, sie hätten es schon immer gewusst. Sie hätten schon immer an ihn geglaubt. Für ihn ist das absurd. Ob er Erfolg hat oder nicht, er tut genau das Gleiche. Er erkennt darin keinen Unterschied. Und dennoch würde Erfolg ihn schlagartig zu einem anerkannten Mitglied der Gesellschaft werden lassen. Zu einem kreativen, mutigen Kopf, während er heute nur ein Spinner ist.

Die Menschen scheinen durch sie hindurchzusehen. Sie scheinen überhaupt durch alles hindurchzusehen. Und sie scheinen so vieles zu übersehen. Man könnte meinen, sie übersehen sogar sich selbst. Als wären sie nicht mehr als eine funktionierende Hülle, als wären sie nicht mehr als eine perfekte Illusion.

So wandeln sie durch die Straßen. So wandeln sie durch ihr Leben. Mit leeren Blicken. Denn sie alle sind müde. Nur manchmal ist jemand wach.

Und sie steht inmitten dieser Menschen – inmitten dieser Menschen, über die sie sich so häufig wundert. Denn sie wirken unzufrieden, beinahe als wäre das Leben eine Strafe.

Sie vermutet, dass sich die Menschen deswegen über so vieles aufregen. So vieles, das nur wenige Minuten später keine Relevanz mehr hat.

Und sie vermutet, dass sich die Menschen deswegen so sehr für das Leben anderer interessieren. Um zu verhindern, sich mit ihrem eigenen Leben auseinandersetzen zu müssen.

Sie beobachtet unendlich viele Menschen, die sich selbst gegenüber niemals ehrlich waren – unendlich viele Menschen, die sich unendlich viele Male belogen haben, sodass all die Lügen zu ihrer Wahrheit wurden. Und sie beobachtet unendlich viele Leben, in denen nie gelebt wurde – unendlich viele Leben mit unendlich vielen Träumen, die zu traumhaft erscheinen, um jemals verwirklicht zu werden.

Sie beobachtet all das und stellt sich dabei eine Frage: Führt auch sie vielleicht ein solches Leben, ohne es selbst zu bemerken?

„Man kann sich frei fühlen, dadurch dass man frei ist zu handeln – mehr oder weniger – man ist dann noch in einen Rahmen gezwängt worden durch gesellschaftliche Konventionen, dadurch, wie man aufwächst usw. Und das muss man auch alles erstmal durchbrechen, um sich seine Freiheit sozusagen zu erkämpfen. Also ich spreche hier von einem Determinismus im Aufwachsen, aber auch von der Freiheit der Entwicklung.*

*Und fühle ich mich frei? Demzufolge ja, weil ich mich von meinem Elternhaus und von meinem sozialen Umfeld, wie ich groß geworden bin, lösen konnte. Aber demzufolge knüpfe ich Freiheit auch an eine gewisse Reflexionsgabe oder auch Intelligenz, die vorhanden sein muss, oder auch andere Gegebenheiten wie neue Umfelder, die hin zur Freiheit führen."*

**(Daniel Tomljanović)**

# VIER

**Du:**
In meinem Kopf tausend Worte,
doch keines ist von Bedeutung.
In meinem Kopf tausend Worte,
doch keines besitzt einen Sinn.

Tausend Worte schwirren in meinem Kopf –
durcheinander und laut. Ich wünschte, ich könnte
die Stimmen, die diese Worte rufen, zum Schweigen
bringen. Ich wünschte, sie würden verstummen und
der Schmerz, den ich empfinde, würde mit ihnen
verschwinden.
Tausend Worte schwirren in meinem Kopf und
jedes hat das Ziel, das lauteste zu sein; jedes hat das
Ziel, gehört zu werden. Tausend Worte und keines
möchte in der Masse untergehen. Tausend Worte
im Kampf um Beachtung – ein Kampf, der nicht zu
gewinnen ist.

In meinem Kopf tausend Worte,
doch keines ist von Bedeutung.
In meinem Kopf tausend Worte,
doch keines besitzt einen Sinn.

Tausend Worte schwirren in meinem Kopf – durch-
einander und laut. Ich wünschte, eines der Worte
ließe mich aufhorchen und nur auf sich konzen-
trieren. Und ich wünschte, all die anderen Worte

würden allmählich immer leiser werden,
bis sie sich im Nichts verlieren.
Tausend nichtssagende Worte schwirren in meinem
Kopf und jedes hat die Hoffnung, das eine zu sein,
welches etwas zu sagen hat; jedes hat die Hoffnung,
außergewöhnlich zu sein. Tausend Worte und jedes
ertrinkt in seiner eigenen Sinnlosigkeit. Tausend
Worte, die wie tausend eindringliche Schreie erklingen.

In meinem Kopf tausend Worte,
doch keines ist von Bedeutung.
In meinem Kopf tausend Worte,
doch keines besitzt einen Sinn.

„Ich finde, dass man bei Freiheit differenzieren kann in drei verschiedene Kategorien sozusagen. Weil es gibt ja die gedankliche Freiheit, dass man sich also frei fühlt, eine freie Meinung hat und sie frei äußern kann und quasi sein kann, wie man ist. Und sich auch überall so bewegen kann – draußen – wie man ist.

Dann gibt es, finde ich, die existenzielle Freiheit, dass man überhaupt frei ist zu leben und nicht an schlimme Bedingungen gebunden ist; dass man sich frei entfalten kann und nicht nur damit beschäftigt ist, gerade ein Dach über den Kopf zu behalten. Und das ist für mich dann verlinkt an diese Freiheit, an die ich auch so als erstes gedacht habe: Wenn ich morgens früh aufstehe und die Freiheit habe, etwas zu machen, was ich will, bzw. sage: Das, was ich mache, mache ich, weil ich es möchte, nicht weil ich muss und überleben muss, ist das für mich auch eine Art Freiheit. Und zwar eine sehr wichtige Freiheit, die, denke ich, in unserer Gesellschaft auch gerade sehr viel Bedeutung hat, mit sich selbst verwirklichen usw.

Ich denke, dass ich sehr sehr viele Freiheiten habe, vor allem geographisch gesehen und wie wir hier aufgewachsen sind. Aber was diesen Selbstverwirklichungsteil angeht, würde ich sagen, dass ich noch nicht so frei bin und noch kämpfen muss, um wirklich das machen zu können, was ich eben machen möchte."

**(Madeleine Böker)**

# DREI

**Du:**
Gehen wir davon aus,
wir würden uns tatsächlich kennen...

**Ich:**
Du versuchst noch immer vor der Wahrheit
davonzurennen.

**Du:**
Gehen wir davon aus,
ich würde deinen Worten Glauben schenken...

**Ich:**
Warum sollte ich mir all das ausdenken?

**Du:**
Dann sag mir: Warum erinnere ich mich nicht?

**Ich:**
Weil jedes meiner Worte deiner
Überzeugung widerspricht.
Es war leichter für dich, mich zu vergessen.
Du warst von der Idee besessen,
Ich sei erfüllt von Schlechtem.

Doch das ist nur ein Teil der Wahrheit.
Deshalb frage ich dich:
Bist du dazu bereit,

Mir zuzuhören,
Mich nicht zu stören,
Bis ich das letzte Wort gesprochen habe?

**Du:**
Ich versichere, ich sage
Nichts,
Solange du sprichst.
Ich lasse dich ausreden,
Verfolge gebannt
Jeden
Deiner Sätze.
Ich schätze,
Ich bin tatsächlich gespannt
Auf deine Sicht.

**Ich:**
Damit ist es meine Pflicht,
Nicht aufzugeben.
So bleibt es mein Bestreben,
Dir die Grundlage für ein freies Leben
Zu schaffen.
Ich darf jetzt keinen Fehler machen,
Muss die richtigen Worte wählen,
Muss dir eigentlich so viel mehr erzählen,
Als die Zeit es zulässt...

Wir befinden uns in einem Kreislauf,
Hörten niemals damit auf,
Das immer gleiche Gespräch zu führen.
Und jedes Mal wieder konnte ich spüren:

Mit fortschreitender Zeit vertraust
Du mir, glaubst
Du mir, dass ich nur helfen will.

Irgendwann wirst du still,
Ziehst dich zurück,
Benötigst einen Augenblick,
Um dich auf deine Gedanken zu konzentrieren.
In dir wächst die Angst, die Kontrolle über deinen
Verstand zu verlieren.
Denn du verspürst Unsicherheit,
Fürchtest die Möglichkeit,
Dass du dich geirrt hast.

Noch wirkst du gefasst,
Doch innerlich kämpfst du,
Lässt zu,
Dass meine Worte dich erreichen.
Du versuchst ihrer Wirkung zu entweichen,
Doch hast ihre Stärke unterschätzt.

Dieser Umstand versetzt
Dich in Hilflosigkeit.
Und in deiner Verzweiflung bist du dazu bereit,
Einen Schritt auf mich zuzugehen,
Dir einzugestehen,
Dass du nicht ohne mich herausfinden kannst,
Warum du Antworten auf Fragen verlangst,
Die du vor mir nie gestellt hast.

Daher fragst du mich,
Warum du dich,
Nicht an mich erinnerst.

Und ich beginne, es dir zu erklären.
Und es scheint, als ließest du dich belehren.

Doch plötzlich scheinen sich
deine Zweifel wieder zu vermehren.
Und du beschließt, mir erneut den Rücken zuzukehren.
Und du beschließt, ich sei erfüllt von Schlechtem.

Und all das ohne Vorwarnung.
Ich hatte lange Zeit keine Ahnung,
Weswegen dieses Gespräch stets
auf dieselbe Weise endet.
Ich habe viel Zeit darauf verwendet,
Einen nachvollziehbaren Grund zu finden.

Es stellte sich heraus:
Du konntest deine Ängste nicht überwinden.
Daher war es leichter für dich, mich zu vergessen
Und infolgedessen
Diesem Thema zu entfliehen,
Dich mir zu entziehen,
Um zu verhindern,
Dich an meine Worte zu erinnern,
Weil du zu diesem Zeitpunkt längst der Idee
verfallen bist,
Wie bereichernd es ist,
Ohne Grenzen durch das Leben zu gehen.

Du hast eingesehen,
Dass ich die Wahrheit ausgesprochen habe,
Keine schlechten Absichten in mir trage.
Doch würdest du diese Tatsache einfach so
akzeptieren,
Würde dein gesamtes bisheriges Leben
an Sinn verlieren.

Und so streichst du mich aus deiner Erinnerung,
Kehrst zu deiner ursprünglichen Überzeugung
Zurück,
Bevorzugst Unglück
Gegenüber der Wahrheit.

Dabei gab es in der Vergangenheit
Bereits einen Moment,
In dem all unsere Gespräche wieder präsent
In deinem Gedächtnis waren.
Nach so vielen Jahren,
Hatte ich es geschafft,
Hatte dich dazu gebracht,
Dass du die Wahrheit nun vollständig erkennst,
Das Problem tatsächlich selbst benennst:

„Ich besaß nicht die nötige Kraft.
Ich konnte mich nicht von dem Vertrauten lösen.
Die Angst in mir überwog.
Die Hoffnung in mir war zu schwach."

Doch zuvor geschah noch etwas anderes,
Beinahe noch Bedeutenderes:

Du hast eine Bewegung gewagt.
Hast zum ersten Mal nicht danach gefragt,
Ob dein Handeln für sie vertretbar ist,
Hast dich von ihren Regeln losgelöst.

Es ist also möglich,
Nicht allzu abwegig,
Dass du irgendwann in Freiheit leben kannst,
Solange du nur mit aller Kraft danach verlangst.

*„Freiheit ist für mich, das machen zu können, was ich wirklich möchte, um glücklich zu sein, ohne irgendwelche Hintergedanken zu haben oder Sorgen oder Einschränkungen.*

*Frei bin ich leider noch nicht, weil das von zwei Faktoren abhängt: Erstens von meinem Mindset, an dem ich arbeite. Und das ist die komplette Freiheit vom Verurteilen und Bewertend–zu-sein. [...] Das ist der erste Punkt. Und der zweite Punkt ist, dass ich mir den Lebensstandard, den ich mir vorstelle, um wirklich frei zu sein, noch nicht erarbeitet habe.*

*Die Gesellschaft, in der wir leben und die Werte und die Vorstellungen bzw. die Vorschriften, nach denen die meisten leben sollten, so wie es vermittelt wird, lässt keine Freiheit zu – null – weil man in einem Kreislauf der Abhängigkeit ist, der Missgunst und der unendlichen – wie soll ich sagen? – Gier, nach dem, was diese reichen Leute haben oder was die soziale Welt halt präsentiert, als Schönheitsideale, als Maßstäbe, als Erfolgsideal, Erfolgslatte und als Lifestyle, der für die meisten Menschen so nicht erreichbar ist, durch die Denkweise.*

*Deswegen denke ich, dass die Gesellschaft keine Freiheit zulässt und man erst seinen Verstand  befreien muss, von diesen ganzen vordiktierten Vorschriften, von diesem Gerüst, in dem man steckt, um sich wirklich auf sich zu konzentrieren und Frieden zu kriegen mit sich selbst und, unabhängig von der Gesellschaft und was die Gesellschaft vorschreibt, nach seiner Vorstellung sein Leben zu leben."*

**(Muhammad Khalid)**

# ZWEI

**Ihr:**

In unseren Köpfen tausend Worte,
doch keines ist von Bedeutung.
In unseren Köpfen tausend Worte,
doch keines besitzt einen Sinn.

Krautsalat. Rot. Westen. Manieren. Observation. Himmel. Mixer. Einhundertzehn. Glasreiniger. Trampolin. Jacke. Neugier. Tulpe. Nebensatz. Großeltern. Medizin. Kurkuma. Laterne. Nähen. Sand. Wissenschaft. Finanzamt. Johannesbeere. Hotel. Modern. Trauer. Schrank. Lesen. Süß. Ausrufezeichen. Wahrscheinlich. Karaoke. Sport. Geige. Lagerraum. Kleidung. Vergangenheit. Wirtschaft. Tür. Auserwählt. Aal. Gabel. Bildhauerei. Lorbeerblatt. Schicksal. Herr. Asche. Hoffnung. Kürbis. Papier. Alarmanlage. Gasförmig. Erfolg. Institution. Symmetrie. Erneuerbar. Pharmazie. Nickel. Mond. Geist. Weg. Leise. Verständnis. Telegramm. Garten. Neunzehn. Sonne. Unterwäsche. Reichweite. Garantie. Spatz. Wachsen. Aprikose. Badezimmer. Addition. Bäcker. Dame. Lampe. Giraffe. Nase. Technik. Aufgeben. Tomate. Herzinfarkt. Einkaufszentrum. Retour. Balkon. Nutzlos. Fleißig. Bein. Unüblich. Masse. Karaoke. Nadel. Seepferdchen. Buchstabe. Start. Kirche. Maßstab. Wagen. Wut. Rucksack. Gelb. Präsentation. Schreibtisch. Müdigkeit. Nudeln. Jahre. Mann. Silber. Intro. Kobra. Hören. Leben. Gitarre. Tiramisu. Mädchen. Lüge. Ende. Thymian. Angst. Musical. Neunundfünfzig. Garantie. Wissen. Biologie. Topf. Laub. Geodreieck. Nelke. Decke. Rennen. Erdbeere. Witze. Macht. Dressing. Moos. Schiff. Wiese. Richtig. Speicher. Pantomime. Wort. Kaninchen. Souverän. Schal. Lilie. Dreieck. Kontrolle. Warm. Schreien. Zwiebel. Klein. Nebel. Schuld. Roman. Gesellschaft. Birne. Müll. Arzt. Umzug. Ohren. Wald. Kanone. Pfeffer. Nilpferd. Kind. Boxen. Zerbrechen. Toilette. Barsch. Musik. Badewanne. Gurke. Antwort. Gefahr. Koriander. Gesund. Dialog. Vielleicht. Trinken. Federtasche. Kunst. Paket. Rose. Sessel. Delfin. Mütze. Lehre. Sonderbar. Universität. Wäscheständer. Adler. Funktion. Rohstoffe. Sinn. Flur. Champignons. Macht. Internet. Charakter. Flüstern. Hässlich. Elefant. Restaurant. Bitte. Sünde. Monitor. Paprika. Nashorn. Sprache. Fragezeichen. Schnupfen. Routine. Punkt. Material. Lohnsteuerabrechnung. Bitter. Irrelevant. Reden. Sinnvoll. Krankheit. Reis. Fliegen. Vorfahrt. Staat. Schmecken. Billig. Tanzen. Schritt. Würfel. Telefon. Hupen. Inspektor. Kampf. Segeln. Solarium. Viereck. International. Avocado. Parabel. Subtraktion. Lachen. Glück. Noten. Lavendel. Virus. Nuss. Leinwand. Sechsundachtzig. Socken. Ort. Reinigung. Video. Pause. Pilot. Energie. Lawine. Mikrophon. Entspannen. Luxus. Galerie. Wohnung. Scharf. Norden. Frühling. Groß. Wasser. Lieferadresse. Sahne.

Orange. Fabrik. Zahl. Trampolin. Tanne. Kanone. Gewürz. Ellenbogen.
Quarantäne. Frage. Apfel. Schuhe. Karamell. Zelt. Gegenwart. Zucchini.
Karpfen. Mahlzeit. Radiergummi. Schnurrbart. Zufall. Uhrzeit. Wüste.
Essen. Theater. Vogel. Mango. Haus. Klavier. Knoblauch. Stift. Rechtssys-
tem. Abwaschen. Schön. Tante. Couch. Sehen. Reaktor. Mund. Chemie.
Kartoffel. Blatt. Familie. Sticker. Wohnzimmer. Wolken. Orchidee. Bett.
Eichhörnchen. Eifersucht. Radio. Schule. Malen. Ergriffenheit. Arm. Frau.
Gesicht. Regen. Kohl. Manager. Ananas. Flugzeug. Tasten. Bar. Psycho-
logie. Kamera. Kanone. Stuhl. Elfenbein. Birke. Schlange. Arbeiten. Kalt.
Hai. Clementinen. Krankenhaus. Fitness. Einsam. Fenster. Schlafen. Ver-
sprechen. Stirn. Junge. Hose. Natur. Feuerwehr. Hund. Buch. Grün. Mord.
Apfelsinen. Teuer. Sattel. Neid. Sumpf. Nicken. Faul. Fisch. Kümmel.
Schwimmbad. Fichte. Tisch. Wind. Aufgeben. Taube. Nichte. Schreiben.
Notfall. Normal. Knie. Physik. Rhythmus. Singen. Liebe. Gold. Beliebt. Ra-
dieschen. Siebenunddreißig. Meer. Kaufhaus. Vorfall. Unterschrift. Kino.
Lila. Bronze. Enkel. Igel. Sesam. Hass. Mandarinen. Küche. Wellness.
Laut. Ost. Salzig. Ingenieurswesen. Riechen. Katze. Freude. Welt. Rat-
haus. Plakat. Maus. Süden. Komma. Armut. Zukunft. Langweilig. Falsch.
Achtundneunzig. Gummibärchen. Pyramide. Reflex. Husten. Fest. Gar-
dine. Burg. Universum. Nutella. Majoran. Kissen. Freizeit. Herbst. Auto.
Stern. Löffel. Glaube. Anfang. Mode. Kommunikation. Telefon. Klopfen.
Einigkeit. Sonnenuntergang. Tritt. Synagoge. Kinder. Sumpf. Schule.
Keramik. Banane. Kernschmelze. Wohngemeinschaft. Lakritze. Stativ.
Spielesammlung. Fantasie. Summe. Wolle. Hauptsatz. Türkis. Stimmung.
Schmuck. Finger. Locken. Kreis. Lautstärke. Öl. Kuss. Knopf. Kreditkar-
te. Kohlrabi. Danke. Stoppschild. Marke. Mathematik. Gestank. Zeitver-
schwendung. Politik. Forderung. Mutter. Bargeld. Treffpunkt. Wahrheit.
Rücken. Kopfhörer. Konzentration. Fleck. Raffiniert. Geschichte. Warten.
Bär. Vorspulen. Unsicherheit. Blumenladen. Moschee. Märchen. Erfolg.
Bunt. Intuitiv. Kochen. Dirigent. Diebstahl. Sauna. Hautfarbe. Tarif. Atem.
Firma. Programm. Haustier. Tastatur. Begabung. Alter. Studio. Beige.
Hügel. Kneten. Streifen. Pfote. Torte. Schnelligkeit. Ernährung. Birne.
Saturn. Großeltern.

*„[...] Naja, absolute Freiheit wird es überhaupt nicht geben, irgendwo gibt es Gesetze, gibt es Grenzen, die man auch im Leben einhalten muss, bei aller Freiheit, die man so alltäglich genießen kann."*

**(Ruth Rössel)**

# EINS

Freiheit – ein Begriff, der für die verschiedensten Menschen unterschiedlichste Bedeutungen haben kann.

Beschäftigt man sich mit eben diesem Begriff und seiner Bedeutung, stößt man schnell auf eine der in diesem Zusammenhang scheinbar wesentlichsten Fragen – nämlich diese, ob wir in der Gesellschaft, in der wir leben, tatsächlich frei sind.
Sollte man jedoch nicht zuallererst weitaus weitreichendere Fragen stellen? Fragen wie: Existiert so etwas wie eine vollständige Freiheit überhaupt oder ist es nur eine Idealvorstellung, welche die Menschen in sich tragen? Ist Freiheit ein Begriff, den sich jeder individuell erschließen muss oder handelt es sich um ein Wort, das für jeden Menschen dieselbe Bedeutung hat? Aber auch: Benötigt der Mensch eventuell Grenzen, um sich frei fühlen zu können?

Die Definition von Freiheit, auf der dieses Buch beruht, ist folgende: Frei ist nicht derjenige, der berechtigt ist, frei zu handeln, sondern derjenige, der dazu fähig ist, über sein Handeln frei zu entscheiden. Es geht hierbei um die Willensfreiheit, die Freiheit zu erkennen, welche Wünsche und Überzeugungen man in sich trägt, und diese in sein Handeln einfließen zu lassen.
Die Frage, die aus dieser Definition resultiert, ist also nicht, ob wir in diesem Staat über eine Handlungsfreiheit verfügen, sondern ob wir dazu fähig sind,

unser wahres Ich zu erkennen und mit Hilfe unserer Handlungen nach außen zu tragen.

Nun, wenn Freiheit also bedeutet, über seinen eigenen Willen bestimmen zu können, stellt sich die Frage, ob dies in unserer Gesellschaft gegeben ist – oder in überhaupt einer Gesellschaft.

Ist es nicht so, dass wir von Geburt an die Werte erlernen und als unsere eigenen anerkennen, welche von dem System, in dem wir aufwachsen, vermittelt werden? Ist es nicht so, dass diese implizierten Werte bestimmen, wie wir uns entwickeln? Und ist es nicht so, dass dies wiederum all unsere zu treffenden Entscheidungen prägt?

Also frage ich dich, lieber Leser, bist du der Meinung, dass du allein über dein Gedankengut entscheidest, dass du die Möglichkeit hattest, unabhängig von äußeren Faktoren heranzuwachsen?

Wenn Freiheit bedeutet, über seinen eigenen Willen bestimmen zu können, stellt sich die Frage, ob die Gesellschaft, in der wir leben, überhaupt zulässt, dass wir uns frei entfalten. Ist es nicht so, dass wir auch im Erwachsenenalter noch einer Manipulation unterliegen? Ist es nicht so, dass beispielsweise moderne Medien uns täglich beeinflussen? Und ist es nicht so, dass auch unsere Mitmenschen stets darum bemüht sind, in möglichst vielen Bereichen unseres Lebens mitzubestimmen; zu bewirken, dass wir den „richtigen" Weg einschlagen?

Also frage ich dich, lieber Leser, bist du der Meinung, dass du allein über deinen Lebensweg bestimmst, dass du die Möglichkeit hast, jede deiner Entscheidungen unabhängig von verschiedensten Einflüssen zu treffen?

Ist die Vorstellung von Freiheit also ein unerreichbares Ideal? Müssen wir uns damit zufriedengeben, niemals völlig frei leben zu können, da wir unweigerlich durch die gegebenen Umstände beeinflusst werden? Nicht zu vergessen, dass auch frühere Ereignisse unsere Entscheidungen maßgeblich prägen, denn jede Handlung geht auf frühere Ereignisse zurück und jede Entscheidung auf frühere Erfahrungen.

Natürlich kann man auch anders an das Thema Freiheit herantreten, indem man davon ausgeht, dass es nicht von Bedeutung ist, inwiefern unsere Wünsche und Überlegungen von den gegebenen Umständen beeinflusst werden. Das wiederum würde bedeuten, dass es ausreichend ist, diese als seine eigenen anzuerkennen, sich mit ihnen zu identifizieren und für sie die Verantwortung zu übernehmen. In diesem Fall reicht das Vorhandensein einer Handlungsfreiheit bereits aus, um die Grundlage dafür zu legen, in Freiheit leben zu können.

Voraussetzung freien Handelns ist, zwischen Alternativen wählen zu können. Hat eine Person gehandelt, muss sie also zuvor die Möglichkeit gehabt haben, sich anders entscheiden zu können. Gleichzeitig muss die jeweilige Entscheidung dem Willen der Person entsprechen und darf nicht unter Zwang getroffen worden sein.

Interessanterweise wird in diesem Zusammenhang

nie bedacht, dass unter anderem auch das krankhafte Streben nach Anerkennung als eine Form von Zwang verstanden werden kann, nicht nur, tatsächlich von einer anderen Person oder auch einem Staat aktiv unterdrückt zu werden. Hinzu kommt, dass Personen, auf die dies zutrifft, denken, sie würden frei entscheiden, also bestimmte Wünsche als ihre eigenen anerkennen, obwohl sich diese durch einen Zwang herausgebildet haben. An diesem Punkt befinden wir uns erneut in einem Kreislauf, denn es scheint nicht zu reichen, sich mit seinen Wünschen und Überzeugungen identifizieren zu können – immerhin erkennen wir selbst häufig nicht, ob diese durch Zwang oder auch Manipulation entstanden sind oder tatsächlich unserem Willen entsprechen.

Ebenso erscheint es widersprüchlich, dass ein Gesetz, welches eigentlich eine Grenze des freien Handelns darstellt, als Beweis für unsere Freiheit genutzt wird. Keine Frage, Gesetze haben ihre Berechtigung, doch suchen wir nach tatsächlicher Freiheit, so erscheinen sie eher kontraproduktiv.

Stellen wir uns also eine Welt vor, in der keine Gesetze herrschen. Es scheint, als würden in solch einer Welt auch keine Grenzen mehr existieren. Doch dies ist ein Irrtum.

Zum einen setzen wir uns selbst unausweichlich Grenzen, denn wir besitzen Gefühle, ein Gewissen und ein gewisses Maß an Vernunft. Allein diese Tatsache macht es uns scheinbar unmöglich, vollkommen frei zu sein.

Daneben sind wir soziale Wesen, werden also stets mit anderen Personen interagieren. Lebt nun eine Person frei, wird sie irgendwann unweigerlich die Freiheit anderer Personen einschränken – durch Handlungen, welche Einfluss auf mindestens eine weitere Person nehmen und dieser Person damit Grenzen auferlegen. Solch eine Situation kann zudem dazu führen, dass die beschriebene Person Konsequenzen für ihr Handeln tragen muss, da durchaus die Möglichkeit besteht, dass die durch sie beeinflusste Person mit Unverständnis auf die Situation reagiert. Und auch Konsequenzen widersprechen der Idee von Freiheit.

Bis zu diesem Punkt scheint alles dafür zu sprechen, dass die Vorstellung von Freiheit ein unerreichbares Ideal ist. Doch was, wenn all die bisher beschriebenen Theorien falsch und damit bedeutungslos sind? Was, wenn die Frage nach Freiheit gar nicht mehr gestellt werden muss, weil wir eigentlich schon frei sind? Was, wenn wir diesen Zustand der Freiheit nur nicht erkennen, weil der Mensch dazu neigt, immer mehr zu wollen?

Allzu abwegig erscheint dieser Gedanke nicht, wenn man bedenkt, dass eine solche Eigenschaft niemals zulassen würde, dass wir anerkennen, bereits den idealen Zustand erreicht zu haben.

Geht man also davon aus, dass wir freier nicht sein könnten, stellt sich die Frage, warum nach wie vor so viele Menschen unglücklich sind. Ist Freiheit doch nicht so erfüllend, wie wir es uns vorstellen? Sind wir vielleicht sogar mit der Freiheit überfordert? Dies würde zumindest erklären, warum die Menschen unablässig nach Anerkennung und Zugehörigkeit streben. Sie suchen nach einem Ausweg aus der Bedeutungslosigkeit. Denn vielleicht fühlen wir uns durch all die Freiheit verloren. Es gibt zu viele Möglichkeiten, zu viel Auswahl, um uns zu entscheiden. Es gibt zu viele bereits von anderen Menschen gewählte Wege, um uns von der Masse abzuheben.

Ist es also nicht die Freiheit, nach der wir suchen, sondern sind es die Grenzen? Sie geben dem Menschen einen bestimmten Rahmen vor, in dem er sich frei bewegen kann. Dies hilft ihm, seinem Leben einen gewissen Sinn zu verleihen. Gleichzeitig gewinnt er an Sicherheit und es wird ihm erleichtert, moralisch zu handeln, da die auferlegten Grenzen ebenso als Leitfaden fungieren können. Vielleicht benötigen wir Menschen sogar diese Art Wegweiser, um uns frei fühlen zu können. Vielleicht streben die Menschen deswegen nach Zugehörigkeit. Denn um diese zu erreichen, muss man sich an bestimmte Regeln halten. Und Regeln bedeuten Grenzen.

Nun, wie es scheint, kann auch dieses Buch keine Antwort darauf finden, ob wir bereits in Freiheit leben. Es kann nicht einmal sagen, was Freiheit überhaupt bedeutet. Ganz davon abgesehen, dass einzig verschiedene Gedanken zum Thema aufgezeigt wurden, jedoch keine komplexe Analyse vorgenommen wurde.
Vielleicht war der erste Satz, der ehrlichste und wahrste. Vielleicht muss jeder für sich selbst herausfinden, was Freiheit bedeutet.

*„Freiheit ist für mich hauptsächlich Entscheidungsfreiheit. Ich habe ein Problem mit Vorgesetztem, das dein Leben beeinflussen soll. Ich bin eine eigenständige Person und ich mag es lieber, wenn man halt nur sozusagen in seinem eigenen Kreis Entscheidungen trifft. Natürlich meine ich das jetzt nicht auf eine egoistische Art und Weise – wenn es andere betrifft, kannst du es nicht alleine machen – nur so Sachen eben, die deinen Weg bestimmen. [...]*

*Natürlich, wenn man das Leben betrachtet, hat man Regeln, an die man sich klar halten muss. Ich kann jetzt nicht einfach auf die Straße gehen und das machen, was ich möchte. Das hat auch ein bisschen was mit dem Mainstream zu tun.*

*Aber einfach dieses Immer-dem-Strom-nachleben, ist noch nie meins gewesen. Und die Freiheit, dich so auszudrücken, wie du es machen möchtest, so zu leben, wie du leben möchtest, ist ein unheimlich kostbares Geschenk. Und ich glaube, das ist das, was hauptsächlich für mich Freiheit ist.*

*Es geht darum, dass du für dich lebst und nicht für jemand anderen!"*

**(Rebecca Panagiotidis)**

# NULL

Dieses Buch handelt von Freiheit.
Doch vielleicht geht es um noch viel mehr.

---

Den Duft des Frühlings in sich aufnehmen.
Sich dem Zwitschern der Vögel hingeben.
Die wärmende Sonne auf der Haut spüren.
Dem Prasseln des Regens lauschen.
Vom Wind gestreift werden.
Schneeflocken beobachten,
wie sie still auf die Erde herabschweben.

Empfinden.
Lachen.
Weinen.
Lieben.
Leben.

All das ist begrenzt.
Denn Jahr für Jahr vergeht – Für uns kommt Jahr um
Jahr hinzu. Und mit jedem Jahr, das wir gewinnen, ver-
lieren wir ein Jahr unserer noch verbleibenden Zeit.
Bis auch die letzte Sekunde unseres Lebens verstreicht.

---

Die Sekunde ist vergangen.

## Was bedeutet Freiheit für dich?

Die Aussagen vor jedem Kapitel zu dem Thema Freiheit stammen von mir befragten Personen. Sie sollten mir eine spontane Antwort auf die Frage, was Freiheit für sie bedeutet und ob sie sich bereits als frei empfinden, geben. Geantwortet wurde in mündlicher Form, sodass die Aussagen nur noch abgetippt und lediglich ein wenig geglättet werden mussten. Der tatsächliche Wortlaut blieb also weitestgehend erhalten.

Letztendlich habe ich mehr Personen befragt, als ursprünglich geplant. Daher konnte leider nicht jede der Aussagen einen Platz vor einem Kapitel finden. Ich möchte dennoch, dass die restlichen Aussagen in diesem Buch erscheinen, da sie weder weniger interessant noch weniger bedeutsam sind.

*„Freiheit bedeutet für mich ganz klassisch: Tun und lassen können, was ich will. Und eben selbstbestimmt leben. Aber besonders auch reflektieren zu können, was mir überhaupt wichtig ist, wie ich leben möchte [...]*

*Ich bin der Meinung, dass ich schon ziemlich frei lebe – so frei wie es eben möglich in dieser Gesellschaft ist. Und dass ich dem – wenn man es so sagen kann – dem ultimativen Freisein in dieser Gesellschaft schon sehr nahekomme."*

**(Lena Heringhaus)**

---

*„Freiheit ist für mich, so leben zu können, wie ich möchte, also mein Leben auch so zu gestalten, wie ich es möchte. Und die Person zu sein, die ich sein möchte.*

*Und durch meine Definition von Freiheit habe ich schon das Gefühl, dass ich in Deutschland frei lebe, dass ich die Möglichkeiten habe, so zu sein, wie ich sein möchte, und so zu leben, wie ich möchte."*

**(Jasmina Abdullah)**

*„Freiheit bedeutet für mich, frei zu sein, in meinem Handeln und meiner Meinung, also Freiheit empfinden auch, indem man den Stress ablegt, etwas tun zu müssen, z.B. vom Arbeitgeber den Druck zu bekommen, die und die Leistung zu erbringen, die man eigentlich nicht schafft, und einfach für sich sagen kann: Okay, ich schaffe es nicht, ich mache meinen Job gut und damit ist es auch in Ordnung. Das ist meine Freiheit: Diesen Druck nicht haben zu müssen.*

*Ich nehme mir die Zeit, Kraft zu tanken, mir eine Auszeit zu nehmen und nur noch mir selbst gerecht zu werden."*

**(Anonym)**

---

*„Für mich bedeutet Freiheit, dass man für sich selbst entscheiden kann, was man selbst will, ohne dass andere einen da reinreden, ohne dass andere sagen: Nein, mach das nicht, oder es einem verbieten. Also dass man halt für sich selbst entscheiden kann, was man will und das dann auch macht [...]"*

**(Katarina Saeger)**

## Danksagung

Ein großer Dank gilt Janka Mackowski, Juliane Scherz und Daniel Oñate Valdes – den Menschen, die es erst ermöglichten, dass aus meinem niedergeschriebenen Text letztendlich ein Buch entstehen konnte. Außerdem danke ich allen Personen, die ich interviewen und deren Aussage ich verwenden durfte, da sie sich nicht nur die Zeit genommen haben, meine Fragen zu beantworten, sondern ebenso ehrliches Interesse für mein Buch gezeigt haben. Danke auch für die vielen herzlichen und motivierenden Worte, die ich von euch erhalten habe. Zuletzt danke ich Florian Hölzer, da ich das durch ihn entstandene Foto von mir für dieses Buch verwenden durfte.